Danza, vuelo, árbol

Martín Lucía

Ediciones En Huida

Colección Extravaganza – Poesía

Coordinador editorial: Ediciones En Huida
Maquetación: Martín Lucía (mediomartin@yahoo.es)
ISBN: 978-84-
Depósito Legal: SE -2023

Contacte y haga su pedido (sin gastos de envío):
ventas@edicionesenhuida.es

Índice

Martín
Lucía

A Covadonga,
mi amor y este libro,
y cada uno de los días
que por vivir me queden.

Mira si yo a ti te quiero
que, en las formas de las nubes,
veo el rizo de tu pelo.

Soleá

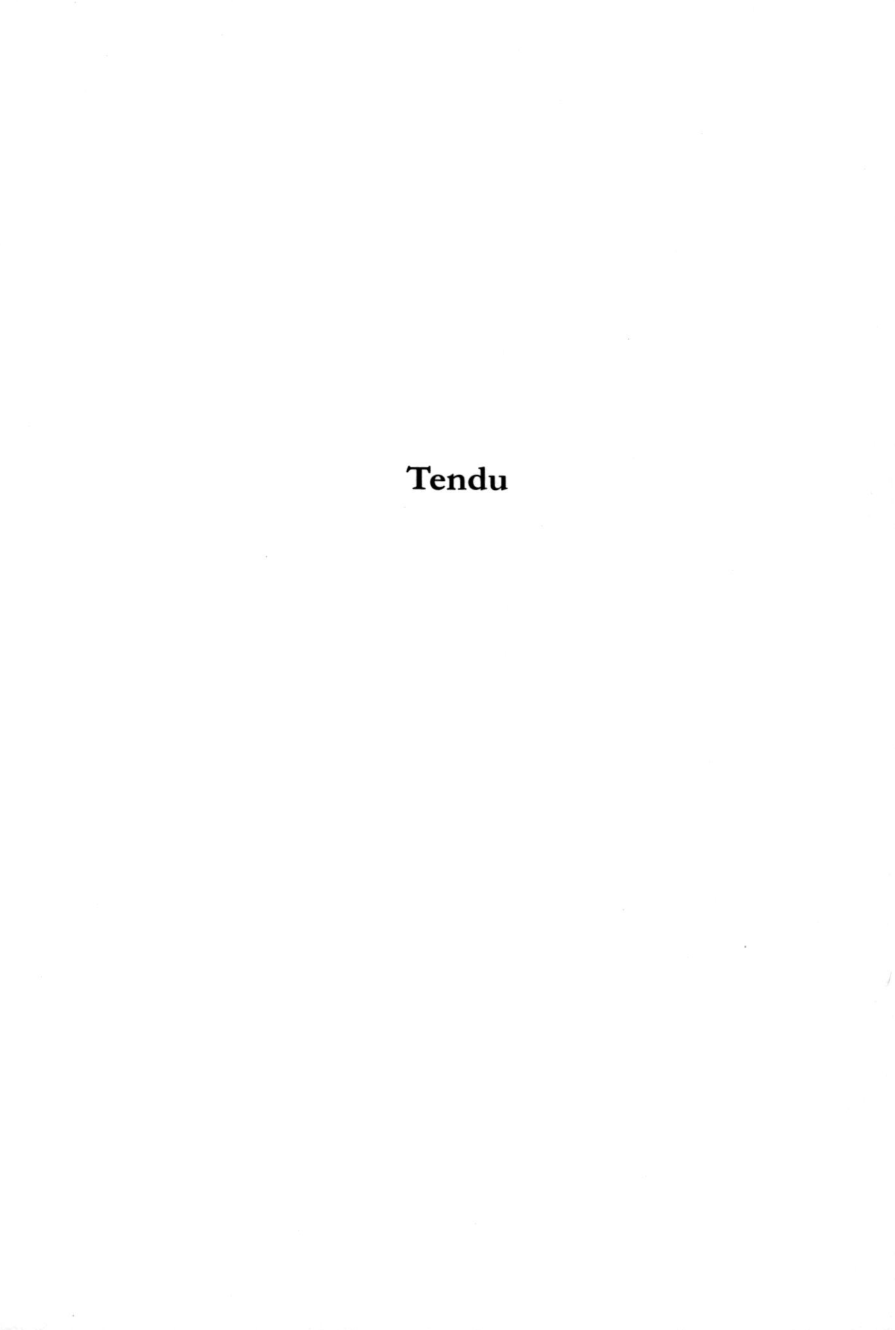

Tendu

Llueve el sol.
Es septiembre.
El tiempo es una matriz
hoy descifrable.
Te observo estirarte
(una cristalera
separa dos mundos)
desde la sombra
que una jacaranda procura.
Imagino tu nombre.
El día aún es largo.

Y en la mitad del aire
tu brazo ascendiendo
como bisectriz del día.
Y, tras de ti,
todo lo que queda
no es más
que silencio.

He memorizado tus labios,
su perfil,
cada una de sus formas,
por mi incapacidad para dibujarlos.
Es torpe mi mano
al trazar
tu vientre
aun cuando éste
hace paisajes.
Te observo
mientras inicial danzo.
Todo lo que ahora alcanzo
es el recuerdo de una nube
en la memoria de un niño.

Como jacaranda en mayo
de tus brazos se desprenden hojas,
plácido su vuelo,
que en tus pasos anidan.
Un, dos, tres.
Un, dos, tres.
Quebrado cuerpo de perfil arbóreo,
indómito mosaico de belleza.
Sobre el suelo purpúreo
velados sueños, paz en los párpados.
Una cosecha de amaneceres te sigue
mientras lineal danzas.
Un, dos, tres.
Un, dos, tres.
Desprendida de hojas,
de pasos,
sostenida en mi cuerpo,
que, como agua,
corre en busca de la gravitación,
que eres tú,

que eres todo lo que queda,
que es la espera
de cada nuevo día.

Fragilidad muestra el cuerpo
y, sin embargo, se hace flor.
Rompe la tierra, la vence.
La danza te desnuda.
Quien, como yo,
realmente,
atención te preste
no oirá nada.
Tú, huracán y silencio
que rompe la tierra,
que la vence.
Hay luz, pero no hay sombras.
Quien, como yo,
realmente,
atención te preste
verá blancura.
Tus brazos
trenzando un nuevo cielo
es tu boca,
madreselva de aire,
libélula en mi pecho,
deseo y vida.

Levantas tus brazos, tus manos,
como quien intenta
palpar las entrañas del cielo.
Levantas tus brazos, tus manos,
y danzas.
Y transitas el cielo
para llegar a la sangre,
para removerla,
para hacerla tuya.
Levantas tus brazos, tus manos,
haces agua de mi sangre,
raíz de mis venas,
tierra de mi carne.
Levantas tus brazos, tus manos.
Afuera la gente pasea.
Juraría que van
vaciadas de vísceras.
Que no saben qué se siente
cuando los días
prometen el relámpago
que de la noche
hará perpetua mañana.

Como junco en la orilla de un río

el baile, que es viento,
te dobla, mas nunca te parte.
Te calzas de aire y danzas.
Un, dos, tres.
Un, dos, tres.
Como al árbol de raíz profunda
todos ven tus brazos,
línea de grácil vuelo,
mas no tus pies,
venero de agua de mar,
que no acaba la sed,
pero sana el labio.
Hace días
que llevo tu nombre
cosido a mis sueños.
¿Cómo decirte
que quiero hacer de tu vientre
hogar, pan y agua?

Añoranza
de lo que aún no se tiene.
Hago del beso por llegar entraña.
Me abro luminoso en canal,
como se abrirá la primera mañana
de la que ambos tendremos memoria,
y añoranza escapa de mí.
Creo que sale en tu busca.
También lo hacen las edades
que quiero que compartamos.
Los paseos sin rumbo.
Las tardes de domingo
con eco
de televisor agotado.
Es curioso:
mi cuerpo se anda rompiendo.
Es la cerviz, la vértebra
que el aire anda agrandando.
Crezco de nuevo.
Ahora tengo añoranza
de lo que ya no quiero perder.

Relevé

Atrás, donde el olvido,
el dolor. Y sus raíces.
Las voces apagadas.
Y, frente a mí,
la luz que es toda.
Tomas mi mano
y me llevas.
Yo sigo tus pasos,
la luz que describes,
la luz que descifras.
Un, dos, tres.
Un, dos, tres.
Te he preguntado,
de nuevo,
tu nombre.
Quiero coserlo a mi boca.
La luz desprendida
rodea mi pecho.
Y, mientras tanto,
sigo tus pasos.

Estás. Miro. Encuentro.

Pregunto tu nombre.
Callas. Levantas un brazo,
marcas el paso con tu pie.
Un, dos, tres.
Un, dos, tres.
Callas. No eres nombre.
Te puedo tocar,
pero no puedo nombrarte.
Eres una nube.
Un perfil que reconozco
como bello.
Callas.
Tu nombre como secreto.
Mi anhelo como guía.

Tu cuerpo habla
de las ausencias.
Un, dos, tres.
Un, dos, tres.
Todos bailan.
Nadie lo aprecia.
Yo sé que vienes
de los bosques sin pájaros,
de los ríos sin agua,
de los labios intactos.
Naces en cada movimiento.
Y así huyes de los bosques,
de los ríos,
de los labios.
Un, dos, tres.
Un, dos, tres.
Ahora sé
que tú también vienes
de donde nubes y niebla
se confunden.

Mueves tus manos

como se mueve el agua.
Bailas.
Te distancias de tus huesos.
Eres hebra e hilván.
No lo sabes,
pero estoy dentro de ti.
Me muevo con el agua.
Bailo en el interior de tus huesos.
Ahí es donde
he aprendido a esperar tu nombre.
Ahí es donde
me desprendo del dolor.
Me muevo en tus manos.
Cierro los ojos
para que de mí ya no escapes
y yo en ti, entre huesos,
me encuentre.
Quiero creer que sabes
cuál es el sentido
de mis raíces.

Haces del tiempo
simiente de lo venidero.
Me asomo a ti,
ánimo excelso.
¿Qué cabrá en mí
cuando en deseo
nos hallemos
que, sin embargo,
nunca me ocupó?

El mismo viento
que el incendio aviva
perfila tus brazos
que se abren en árbol.
Bailas y creas ciudades
levantadas con tus huesos.
Te imagino llena de flores
que avisan de la primavera.
Amar requiere
de quietud y optimismo.
Voy a ti sobrado de espinas.
Ojalá en mí el mar,
aunque esta sed no aplaque.

El cuerpo alado.

Raíces que caen del cielo,
madreselvas sin lluvia.
La música.
Ojos que hacen geografías.
El tiempo en compás.
Amar lo venidero
desde el instinto.
Callar la palabra amor,
simiente que crece,
y cuidarla como se cuida al hijo
que estás esperando.
Mirar el cuerpo
que es madreselva y alas,
cuerpo que inconsciente
ordena mundos,
cosmogonía de labios.
El dolor suspendido,
cubierto de ayer.

Tu cuerpo es tensión,
curvado,
como la mar
que el horizonte persigue.
Quisiera ahora caminarte,
pasear tu curvatura.
Hacer fronteras
sólo para mí transitables.
Sonreír.
Hacerme árbol y enraizar.
En ti.
Tu cuerpo en tensión,
por entre la música,
y, sin embargo, relajado.
Ahora el lenguaje
es la mano que palpa.
Amar es sentir
la otra piel
como propia.
Ya sé
que también tú
traes heridas.

Mañana
amanecerán en mí.
Es mudo y fugaz el llanto.
Regaremos con él
la tierra
en la que germinará
el nombre
que sólo hable de nosotros.

Pasan raudas las horas.

Te observo.
Hay un desierto tras tus hombros.
Soy la noche que busca el día.
Te observo.
Duermes.
Hay días vacíos en mi pecho.
Te observo.
Hay largura de horas.
Sin embargo, el alba es próximo.
Te observo.
Te irás en breve.
El día va a anunciarse.
Te observo.
No soy verbo
y ya vas siendo ausencia.
Te observo.
Mañana diré tu nombre
para que otros
por ti me pregunten.

Un cuerpo
a punto de ser herido
baila.
Ausente de gobierno, ingrávido.
Un cuerpo amenazado de quiebra
toca cada uno de los cuerpos
que en proximidad orbitan.
En los huecos de sus manos,
en su observación,
entiendo los huecos propios,
su sentido.
Un cuerpo a punto de ser herido
ha devenido en refugio
mientras lo observo.
Eres tú, es tu cuerpo.
Llaga que no emerge.
Techo y abrigo.
Es tu cuerpo
que en amor
en mí ha arraigado.

Señalar mi dolor
es hacerlo tuyo,
es deshabitarlo.
Me abro de sangre
y aprendo en ti
a no mirar atrás,
mientras tú,
me enseñas
nuevas palabras:
alcorque, azadón, amor.
He traído agua y aire
para envolverte
y contigo quedar en paz.
Mira dentro de mí:
todo lo que veas
ya es tuyo.

Aquí estamos,
sobre los esbozos
de ríos que inventamos
para doblegar nuestra sed.
Conocemos las formas
de nuestros vientres
porque ahí hemos dejado
manos a las que cuidar.
La promesa de siempre acompañarnos
tiene arquitectura de silencio.
Y, sin embargo,
emerge como bóveda
que nos cobija.
Me he dejado caer de espaldas
porque te sé justo al otro lado,
donde la gramática de la Física,
esperándome.

Encontrar la herida.

Limpiarla.
Cuidarla.
Dejarla visible.
Afirmarla
para que no duela.
Cartografiarla.
Situarla en el cuerpo
para que éste sea luz.
Señalarla
para que surja la cicatriz.
Iluminarla
para invocar el olvido.
Entregártela.
Y posar mi cuerpo desnudo
allí donde tu pecho
sea orbe, sol y camino.

Somos árboles torcidos
de raíces profundas.
Temblamos.
Tanto en el tacto
como en la ausencia.
Somos árboles
de ramas torcidas
y respiración calma.
He traído simiente y agua.
Para las ramas.
Para negar el otoño.
Voy a pasar esta noche
mirando tus brazos,
deshojando tu nombre,
dejando en ellos semillas.
Y nacerán mañana las flores
con las que te diré
que te amo.

Persiste la mañana
y en ti me demoro.
Me descoso la niñez
y esta es la que danza.
La piel en carne viva.
Marchita ya la noche
todo lo demás es desplazado.
No olemos a sombra.
Ni a lágrima.
Ni a cuerpo que se rindió.
Brizna de hierba
se aposenta entre nosotros.
Crecerá en ella
la palabra amor.
Sólo la espera
nos queda.

Vivir es mitigar el dolor,
dotarlo de olvido.
Besar las heridas
antes de que salgan.
Traigo otoño en las venas,
en la piel,
en las manos.
Háblame de la niñez,
de besos en las mejillas,
de guirnaldas en los labios.
Háblame de la vez primera
que viste el mar.
Cóseme recuerdos.
Ya te dije que traigo otoño.
En las venas.
En la piel.
En las manos.
Que es para hablar
de una misma primavera,
hoy, amor, con mi sangre,
te confieso.

El sonido de una hoja
posándose en el suelo,
suicidio de otoño,
es la silueta
de tu paso en la danza.
Eres silencio.
Podrías ser plata,
piedra,
pero eres viento
que no sopla.
En ti se posan
pájaros de plumas de aire.
Háblame de la luz,
del íntimo crepúsculo,
que quiero ir
más allá de tu nombre.

Arabesque

Llevo tu nombre
cosido a guirnaldas.
El aire lo cimbrea.
Hay restos de miedos
al este de nuestras espaldas.
Amar es obviar el dolor,
hacer de él anécdota.
Respírame el pecho.
Entra en él,
pues es tuyo.
Ahora la música
reposa en tus vértebras.
Ahora sé
que ya hemos olvidado
la palabra invierno.

Miniatura del mundo
es tu cuerpo.
Correr de agua
que la tierra modela.
Bailas y no hay voces
que del cielo desciendan.
Un mundo que se agota
en ti renace
en cada línea que dibujas,
en cada idea
que en su contorno encierras.
No hay voces en el cielo.
Nada de lo que nace en nosotros
venía de allí,
sino de nuestras manos.
En complicidad lo callamos:
el prodigio no se explica.

Recoleta la sala,
ahora no somos dos bailarines,
sino dos pájaros
atravesando una catedral
donde el silencio
lo sostiene todo.
No hay música.
Ni siquiera alumnos.
Tarareamos.
De memoria,
como el vuelo de las aves.
Afuera
de la sala,
de la catedral,
está el cielo.
Y un rumor claro
de que éste
ya nos pertenece.

Me susurras
los huesos que me sostienes.
«Mis huesos son para ti»
me repito.
Y, sin embargo, callo.
Cómo decírtelo.
La caída del sol
hace sombras en la calle,
más allá del ventanal,
y me habla de los miedos,
de la umbría en el corazón,
de no volver
a la precariedad en las caricias.
Llevo dos nombres en mis labios
y un hoy impregnado de mañana.
«Tienes el don de la primavera»
te digo.
Afuera la vida hace invierno.

Ingravidez.

Cuerpo como nube.
Estamos llenos
de mañana
y, sin embargo,
nos besamos,
una vez tras otra,
como quien se despide.
Te abrazo y me callo
mil «nunca te vayas».
Mientras tanto,
meto mi mano en el pecho
y te levanto un hogar.

«No traerte el frío»
me repito como una letanía
que me va cosiendo miedo
en el centro mismo
de mi cuerpo.
«No traerte el frío»…
«Vivir en llamas» me digo.
Ser fuego de traza eterna.
Quemar mi boca
si no te nombro,
quemar mis dedos
si no te toco,
quemar mi cuerpo,
en definitiva,
si del dolor
hago en ti simiente.
Traigo cristales
para abrirte mi pecho.
«De él saldrá la primavera»
te he dicho.

Ya sé que me has traído
todos los nombres
que usaré desde ahora.
Me prometiste
no dejar de danzar
si no te traía el frío,
por eso dibujo soles
sobre tus párpados.
Hoy te derramas en mí
y en mí me reconozco.
Ahora es la luz la que danza
y hace hilván
por entre las ramas
por donde ésta
esquiva transita.
Trenzadas luz y ramas
paseamos por el parque
mientras tú danzas
en la caricia
que va de mano en mano

y yo nombro
esta nueva geografía
que construyo con palabras
que desconocen
el lenguaje del frío.

Hacemos tiempo
de lo que abrazamos.
Un, dos, tres.
Un, dos, tres.
Te abrazo.
Te hago mía.
Nos hacemos nosotros.
Un, dos, tres.
Un, dos, tres.
Te abrazo, de nuevo,
y no sé contener
tanto amor.
Porque el amor,
éste nuestro,
es como la lluvia:
no se abraza,
pero cala.
Mientras tanto,
ahora que bailamos,
te abrazo.
Un, dos, tres.
Un, dos, tres.

Pirouette

Desnudez

en la simiente
de los pechos
que se reconocen.
Somos el centro de la Tierra.
Llevamos hijas en nuestras manos
e imaginamos sus nombres.
Amar es hablar en plural
de las cosas pequeñas.
Ya nunca estaremos lejos de casa
porque ya hemos hecho hogar
de nuestros cuerpos.
Hemos levantado
una gramática propia.
Lo sabremos
cuando se anuncie en los otros
el final del día.

Entiendo la herida como cicatriz,
la cicatriz como cuerpo propio.
Asunción.
Imposible entender esta felicidad
sin apreciar el tacto de la maleza
ya yerma
de cada una de mis llagas.
¿Ves esta agua que te traigo?
Desconozco su origen,
pero porta tu nombre.

Saber.

Saber cuándo la mano
es articulación y hueso,
cuándo, aire y bálsamo.
Ser la medida. Alquimia.
Adivinar cuándo
quiebra el cuerpo.
Anticiparse a su caída.
Reconocer la herida
en el perfil de la cicatriz.
Reconocer la fractura
bajo la superficie.
Hacer ternura de la llaga.
Aliviar.
Ser bálsamo
cuando la ceniza
es la vértebra
de lo que resta de día.

Ahora veo el mar.
Está en ti.
El mar.
Cierro los ojos
y lo veo.
Eres agua y sal.
Me cubres.
Siento cómo el agua
quiebra las heridas,
caracolas del pasado.
Vas y vienes,
ola que sana.
Ya eres la palabra amor
que va cosida en mi vientre.
Cierro la boca
y el mar,
que eres tú
y la palabra amor
que ya has cosido,
queda dentro,

en mí,
donde la vida
(que ya en fulgor comienza).

Como la lluvia de mayo.

Inesperada, voraz, necesaria.
Así tu baile,
así tu llegada a mí,
así los días
que en agua yo imaginé,
que desde entonces
a mí me siguen.

Decimos distancia
y, sin embargo,
andan nuestros vientres
a milímetros,
asunción del roce.
Decimos distancia
y ya son cómplices
los labios,
temblor y augurio.
Rumor y atisbo
de encuentro,
vaivén y equilibrio,
y, sin embargo,
decimos distancia.
Porque existe en nosotros
la noche por amanecer
y esta cierta necesidad
de habitarnos,
esta ebriedad del amor
como hilván

de quienes han elegido
arder celestiales y eternos
el uno en el otro.
Porque existe en nosotros
este amor que ahora emerge
y que hace que llamemos distancia
al más mínimo hueco,
al temor a no hallarnos,
en definitiva,
el uno por entre el otro.

Vientre. Distancia. Eterna.
Un hombre. Un río.
Una mujer. Espera.
Una noche encarnada.
Un pecho
en añoranza de otro pecho.
Una voz sin palabras.
Un silencio. Un grito.
Vientre. Distancia. Ausencia.
Una mujer. Un río.
Un hombre. Espera.
Calles sin rutinas.
Una voz sin palabras.
Dos habitaciones. Vacíos.
Vientre. Distancia. Ausencia.
Una mujer. Un hombre.
Un mar, una busca, un río.

Yace viva una luz
por entre la penumbra
de la habitación.
Dormida sobre mi hombro
eres cada una de las ciudades
que me restaban por caminar.
Ahora que duermes
y en tu interior eres silencio
te digo que quiero sembrar
nuevos nombres
en nuestros pechos.
Lo desconoces,
pero ahora mis párpados son ríos.
No despiertes, amor,
que la vida aún comienza.

La luz golpea
los breves ojos
que en la persiana
asoman
y, entonces,
la hiende
y crea sombras.
Ocurre algo parecido
con el tiempo:
observo cómo parte
aquello que toca.
«Amar es calibrar
hasta dónde la luz,
hasta cuándo el tiempo»,
escribo en un muro
cimentado en mis costillas.
Te amaré
para que no pare la música,
para que no falte
luz ni tiempo.

Ven, perfila tu nombre
en este muro donde bate
el aire que ya te pertenece.

Plié

Mañana,
cuando la luz
recorra nuestra sangre,
cuando de ésta
surjan aquellas
a las que enseñaremos
a no mirar al sol,
a señalar el pan
si azuza el hambre,
a acariciar la piel
si nos acorrala el miedo,
recordaremos estos días
donde temerosos,
al darnos distancia,
memoramos las palabras dichas
por si mañana
dejan de ser fe y cobijo.

En mi recuerdo
tu boca primigenia
como ave
que traía la luz.
Quisiera volver a decirte
por primera vez
que te amo.
De mi pecho salen mil manos
y cantan tu alivio.
Un, dos, tres.
Un, dos, tres.

Ya no hay en mí
ni piel ni huesos.
Soy para ti transparencia.
Me arrullo sobre tu sangre,
geografía de salvación.
Sales y entras en mí,
cerviz y aire.
Hemos sembrado un limonero
para que otros entiendan
por qué nos hemos cosido
a la palabra hogar.

En desnudez salgo a la calle
porque llueve.
Esa es la secuencia y el motivo:
afrontar la lluvia desde la piel.
Me siento en el asfalto
y espero su cese,
el fin
de este derrumbe plúmbeo
que se me presenta.
Del suelo nacen charcos
y en cada charco
emerge un cielo.
Miro su agua
y veo estrellas que arden.
Bosques celestes.
Esa es ahora la secuencia y el motivo.

Antes, fue el inicio de la lluvia
y un cuerpo,
que es el tuyo, amor,
donde vindicar

cada una de las estrellas
que hoy junto a mi lado arden.
Miro en mí,
charco en fugacidad,
y se reflejan éstas,
y tu nombre.
Volveré una vez tras otra a ti
para seguir sabiendo
de la virtud del agua.

El amor es vértebra.
Nos sostiene.
Hace que todos nos vean
como lo que se yergue
en recta inmensidad.
Bailas ahora
y percibo que hay amor
en cada uno de tus huesos.
Porque el amor
es ya también vértebra.
Sostiene cada acto que hacemos.
Sabemos de las lágrimas
como quien conoce su pasado
por lo que le narraron.
Bailamos.
Un, dos, tres.
Un, dos, tres.
Ya no necesitamos advertir
los nombres de las calles
por las que otros deciden marcharse.

Porque el amor es vértebra
y nos sostiene.
Como las aves
que llevan agua en su pico,
nosotros, en nuestras manos,
llevamos un hogar.
Porque un hogar es amor.
Amor, vértebra y agua.
Ahora bailamos.
Pero ambos sabemos
que, si la noche quiebra,
tenemos una vértebra,
o un hueco en las manos,
donde regresar.
Sigo bailando calmo.
Me sostienen mis vértebras,
que también son tuyas.
Igualmente, una idea:
sé que, si la música parara,
tú proseguirías tarareando.

Furia y mesura en el baile.

Los cuerpos como volcanes
de algodón y lava.
La piel vaciada de fiereza
en traslación
al sosegado encuentro.
El otro cuerpo como orilla
a la que, una y otra vez,
llegar en vida y muerte.
Aquí,
la contradicción de este baile
de agua y sangre,
de teta y ciprés.
Se abriga la vida en este canto
que furibundo modela
la tranquilidad de los días
prometidos por venir.

Todo lo que hicimos,
lo levantado en piedra,
lo construido sorbe recuerdos,
lo que lleva nuestro vacío de sangre,
nos verá envejecer.
Todo lo que nos dijimos,
lo que nos habitamos,
lo que no fue muro.
Todo esto mientras
vamos
sembrando días
en nuestros pechos,
vamos
paseando
por calles ya conocidas,
vamos
dando sentido
a la palabra amor.

Queda la posibilidad del dolor.
Queda la posibilidad del cieno,
de los árboles sin raíces,
del levantarse con media cama sin destapar.
Queda la posibilidad de no amarnos más,
de jurar que nunca danzaremos,
de no pasar por la calle
donde se encuentra la academia.
Queda la posibilidad
de que encontremos la tierra
la una sin el otro.
Pero también queda
la mano en la mano,
comentarnos nuestras infancias,
encontrarnos sin habernos buscado,
ser ambos
allí donde hacemos
milagro de la herida.

Cuando esta academia cierre.

Es más, cuando esta academia cierre
y todos los que hoy danzamos
seamos el recuerdo de otros
que sustenta días de fiesta.
Es más aún,
cuando la academia cierre
y ya no quede mas rastro del planeta
que edificios cubiertos
de tiempo, polvo y enredaderas
porque el ser humano
es tiempo, polvo y enredaderas.
Quiero decir:
cuando ya nada más seamos,
cuando nada quede,
permanecerá este amor,
la voz de este amor
y la voz de todos aquellos
que vieron
cómo nos amamos.

Este poemario entró en imprenta
el 8 de marzo de 2023,
Día de la Mujer
y día en el que
Carmen y Carlota
concluyeron la ilustración
que aparece en su portada.